AF411014

EXTRAIT D'UNE NOTICE

SUR LES

FRANCS-BREMENTS-

CANONNIERS

De la Ville de Caen,

Lue à la séance de la Société des Antiquaires de Normandie,
du 9 novembre 1838,

Par M. H. DE FORMEVILLE,

Membre de plusieurs Sociétés savantes, Correspondant du Ministère
de l'instruction publique, Conseiller à la Cour royale de Caen.

CAEN.

DE L'IMPRIMERIE DE A. LE ROY.

1839.

EXTRAIT D'UNE NOTICE

SUR LES

FRANCS-BREMENTS- (1)
CANONNIERS

DE LA VILLE DE CAEN ,

*Lue à la séance de la Société des Antiquaires de Normandie ,
du 9 novembre 1838 ,*

Par M. H. DE FORMEVILLE ,

Membre de plusieurs Sociétés savantes, Correspondant du Ministère
de l'instruction publique, Conseiller à la Cour royale de Caen.

De toutes les corporations qui se sont formées au moyen
âge , ou dans les deux siècles qui ont précédé la renais-

(1) Nous n'entendons parler ici que des *francs-brements* , et non
des simples brements qui n'étaient point d'institution royale.

Selon Ducange , au mot *bermarius* , on écrivait , au XIV.e siècle.
'erman , *Lermen* , et *bresmen* , qui signifiait *courtier* , *commission-
naire*. Plus tard , on se servit des mots : *breman* , *bruman* , et plus
communément *brement*.

Si l'on voulait trouver l'origine et la signification de ces mots , il
faudrait peut-être les chercher dans les langues du Nord , dont les
dialectes paraissent s'être répandus autrefois dans les villes Ansia-
tiques , et lorsqu'eque , dans ces districts français et dans divers.

sance (1) , il en est peu qui présentent des caractères cons-
titutifs aussi disparates que celle des *francs-brements* de la
ville de Caen.

D'abord institués pour descendre les vins aux caves et
celliers du roi et des princes de son sang durant leur séjour
en cette ville , pour faire le guet et la garde à la porte de
leur logis et y tenir du feu allumé durant les nuits , à
leurs coûts et dépens , ces hommes ne tardèrent point à
étendre leurs attributions jusqu'au transport et au place-
ment sur les remparts, des canons, ustensiles et munitions
de guerre arrivant à Caen pour le roi , et ils finirent par
devenir canonniers du château , et en même temps chargeurs et déchargeurs des navires marchands du port de
cette ville.

villes de ces contrées, d'où ils purent passer en Normandie. Les écri-
vains anglo-normands , tels que Walsingham , Houard et autres ,
sont tous d'avis que la plupart des coutumes et même les lois cri-
minelles de la Normandie furent originairement empruntées des lois
Norwégiennes.

Ce que nous savons quant à présent , c'est qu'il existe encore sur
le port d'Amsterdam une corporation de déchargeurs de navires ,
dite des *beurtman*.

Dans la langue hollandaise qui paraît en partie composée d'alle-
mand et d'anglais, avec quelque mélange de français, le mot *beurtman*
est formé de *beurt* qui signifie tour , rang alternatif, et de *man* ,
journalier , manœuvre , ouvrier. Il s'applique aussi au capitaine ou
patron du vaisseau qui est de *tour* pour partir , de même qu'au navire en charge pour quelque endroit. On dit le *beurtman* de Londres , etc.

On conçoit comment de *beurtman* on a pu faire *bertman* , *ber-
man* , *breman* , ou *brement*.

(1) On paraît maintenant d'accord pour fixer au XIV.ᵉ siècle la
fin du moyen âge. (Voir Michelet , *Histoire de France* , t. 2)

Mais, avant de rechercher l'origine de cette communauté jusqu'à présent peu connue , nous croyons utile d'entrer dans quelques détails préliminaires , qui peut-être étrangers en apparence à notre sujet , n'en serviront pas moins à l'éclairer.

Si le clergé et la féodalité et ensuite les communes eurent , durant toute la période du moyen âge , leurs corporations organisées pour les soutenir ou les défendre, la royauté sut aussi, à ce qu'il paraît, s'en créer à son tour quelques-unes pour la servir (1).

La féodalité , toujours envahissante , engendra sa chevalerie.

Déjà l'Eglise avait institué , pour propager le christianisme , ses ordres religieux venus d'Italie , qui , dans la suite des siècles , continuèrent à se multiplier en Europe toutes les fois qu'il fallut opposer une résistance quelconque aux forces qui menaçaient la puissance ecclésiastique.

Dans les communes aussi s'étaient formées , avec un esprit d'indépendance et de résistance plus prononcé que partout ailleurs , les bourgeoisies et leurs milices , les communautés d'arts et métiers et leurs jurandes. Les villes elles-mêmes s'étaient unies comme les communes ; de là étaient nées les Gildes , les Hanses et d'autres associations commerciales.

Mais enfin , sur les ruines de la puissance cléricale , féodale et communale , il devait s'en élever une autre : le

______

(1) Telles furent , entre autres , celle des Hennuyers , qui avait le privilége de porter le corps des rois aux tombeaux de Saint-Denis , celle des francs-porteurs aux greniers à sel , les compagnies d'arquebusiers pour le tir au papeguay , etc. , etc.

temps de la royauté devait arriver pour réunir tous les éléments de civilisation épars dans la société et préparer par l'unité un état social meilleur.

Le commencement du XIV.ᵉ siècle vit se poser en France les premières bases solides du pouvoir monarchique, et se fonder les institutions destinées à donner de la force au nouvel élément gouvernemental qui commençait à se produire avec quelque assurance.

Philippe-le-Bel fut l'homme qui donna en réalité le mouvement à ce grand progrès de la civilisation.

L'Eglise fut humiliée et abaissée dans Boniface VIII, la chevalerie du Temple fut détruite, et le régime des chartes communales continua de tomber en décadence.

Il est vrai que déjà, au XII.ᵉ siècle, la royauté avait commencé et opéré dans les degrés supérieurs sa principale révolution, en rattachant les grands fiefs à la couronne, comme les souverains de ces grands fiefs avaient auparavant rattaché les arrière - fiefs à leurs principaux domaines.

Il est vrai que l'établissement des communes, des bourgeoisies et de l'Université, avait déjà donné aux peuples une existence politique et des priviléges de liberté, lorsque Philippe-le-Bel introduisit le tiers-état dans les assemblées nationales, pour le profit de la royauté ; il est vrai enfin que les autres éléments du pouvoir royal, qu'il confisqua pour ainsi dire au profit du principe monarchique, avaient aussi pris quelque consistance.

Mais ce fut toujours sous son règne et sous celui de ses successeurs que la monarchie s'organisa et grandit aux dépens des autres pouvoirs jusque-là prédominants.

Non-seulement Philippe-le-Bel se servit des corporations

existantes , mais encore il en créa de nouvelles , sur lesquelles il appuya son autorité.

On sait en effet comment , inquiété par le pape Boniface , il lui opposa avec habileté les *praticiens* et les *lé-
gistes* (1) , en leur donnant assez d'importance pour qu'ils
formassent une caste séparée.

On sait comment aussi les communes vinrent en aide à
la royauté avec leurs corporations industrielles et leurs
milices bourgeoises ; car alors la royauté était devenue
vraiment populaire.

Philippe-le-Bel , dans le parlement de 1296 , n'avait-il
pas en effet préparé l'affranchissement des campagnes
dans tout le Languedoc , en y convertissant l'esclavage en
un cens annuel ? Ce bienfait, qui complétait l'affranchissement général déjà obtenu dans les villes , ne s'étendit-il
pas bientôt aussi à tout le bailliage de Caen (2) ?

Il fallait d'ailleurs de l'argent et des hommes pour soutenir les guerres commerciales de la Flandre contre l'Angleterre.

Le successeur de Philippe-le-Bel continua comme lui
de mettre à prix la liberté , et les seigneurs les plus
puissants imitèrent son exemple : tout cela tournait au
profit de la liberté , à laquelle la royauté était la première
intéressée.

Le pouvoir royal grandissait donc au XIV.ᵉ siècle , et
en même temps le régime des chartes communales tombait
de plus en plus en décadence.

(1) Consulter l'*Histoire du pouvoir municipal en France* , par Le
Ber ; l'*Histoire de France* de Michelet , t. 2 ; et les *Considérations
sur l'histoire de France* , par M. Aug. Thierry.

(2) Le Ber , p. 329.

De toutes parts les institutions devenaient monarchiques; la police et le contentieux de l'impôt passaient des mains de l'échevinage et des états dans celles du gouvernement; le revenu public s'établissait fondé sur les gabelles, les aides et la taille; les bailliages royaux et les sénéchaussées, déjà multipliés en France, se trouvaient alors établis dans toutes les villes de communes, et même dans la plupart de celles de juridiction seigneuriale.

Enfin le parlement de Paris et le grand-conseil, destinés à établir l'uniformité de jurisprudence dans le royaume, se constituèrent aussi, recevant pour auxiliaires, après 1302, l'échiquier de Rouen et les grands-jours de Troye.

S'il appartenait au parlement d'homologuer les réglements de police locaux, c'était le grand-conseil qui approuvait et scellait les concessions de priviléges en faveur des villes, et qui donnait des statuts aux corporations et aux communautés laïques.

Aussi, à partir de cette époque, toutes les corporations industrielles, qui jusque-là s'étaient gouvernées seules, ou sous le simple patronage d'une commune, d'un seigneur quelconque, soit évêque ou abbé, soit comte ou baron (1),

______

(1) Ce fut par exception que, dans les Pays-Bas français, les juges municipaux des villes conservèrent jusque dans les derniers temps le droit qu'ils avaient reçu des souverains de créer des corps de métiers et de leur donner des statuts. (Merlin, *Répertoire de Jurisprudence*, *V.*° ARTS ET MÉTIERS.)

Ce fut ainsi qu'à Malines, la commune, toujours puissante, continua, sous le régime du pouvoir royal le plus absolu, de s'opposer à l'établissement des jurandes, craignant sans doute l'esprit trop monarchique.

En 1234, l'évêque de Coutances donnait seul des statuts aux tisserands en toile de la ville de Saint-Lo. (*Note de M. de Gerville*).

Avant le XIV.ᵉ siècle, les évêques comtes de Lisieux approuvaient

se rangèrent-elles , en quelque sorte de leur propre mouvement , sous la protection royale , et se mirent-elles volontairement au service de cette royauté.

De ce côté était le souverain pouvoir ; de là par consé-
quent devaient venir les priviléges.

Lors donc que nous voyons une communauté industrielle
s'établir par lettres-patentes , uniquement pour le service
du roi, avec exemption de tailles, aides et subsides de ville ,
établis par le pouvoir royal , nous devons penser, jusqu'à
preuve contraire, qu'elle est d'institution purement royale ,
et qu'elle ne remonte pas à une époque où les conditions
essentielles de son existence ne pouvaient pas se rencontrer.

Ainsi l'on peut , avec quelque confiance , faire remonter

seuls les statuts des corps de métiers de cette ville. Depuis lors cela
se faisait de même , mais sous l'autorité du roi.

Quant à la ville de Caen , on trouve , dans des lettres-patentes de
Charles V du 9 juillet 1364 , et dans divers actes publics de la même
époque , insérés au Matrologe de cette ville , t. 1. , f.os 1 , 2 , 3 , etc. ,
« qu'avant le temps de Philippe-le-Bel , ses habitants possédaient
» un livre escript et mercié des mains de plusieurs tabellions ,
» faisant mention que de si long-temps qu'il n'était mémoire du
, » contraire , le gouvernement de la ville était confié à six bourgeois
» jurés , élus tous les trois ans , qui avaient le *don de métiers* ,
» c'est-à-dire le droit de donner des métiers et des offices dans
» la ville ; que ces priviléges avaient depuis été mis sous la main
» des rois , comme sentant nature de domaine , de même que s'ils
» eussent été concédés depuis le temps de Philippe-le-Bel ; mais que
» les habitants ayant justifié en avoir eu la possession antérieure-
» ment , avaient obtenu des lettres qui les rétablissaient dans ces
» droits. »
Depuis le XIV.e siècle , les rois ne semblaient pas toujours faire
difficulté de confirmer les anciennes franchises des villes ; mais ils
voulaient que ces concessions émanassent de leur autorité.

au XIV.ᵉ ou XV.ᵉ siècle la formation des corporations de *francs-bremens*, établies dans divers ports de Normandie et peut-être de France.

Les chartes du XIV.ᵉ siècle, rapportées par Ducange, font mention de « chargeurs et *bermens* de vins, demeurans » à Saint-Sever-lès-Rouen, » et de « *bresmens* de vins et » deschargeurs de darrées (denrées) en la ville de Dieppe. »

Dans des lettres-patentes de l'année 1340, données aux marchands lombards, et permettant à ceux d'Arragon et de Majorque de vendre leurs marchandises à Harfleur, on lit, article 5 : « Voulons qu... si par avanture ils feroient » (frappaient) de la main un de leurs valés, ou *bermans*, » ils n'en paient autre amende que feroit un bourgeois de » ladite ville en cas semblable. » (Ordonnances des rois de France, t. 2, p. 125.)

Il résulte encore d'un compte de la recette faite en Angleterre par M.ᵐᵉ de Mellay, abbesse de Sainte-Trinité de Caen, de 1360 à 1361 (pièce fort intéressante que nous a communiquée M. Léchaudé d'Anisy), qu'il en coûta à cette abbesse 61 sols pour une pipe de vin achetée à Londres, y compris le port à Felstede et les salaires d'un tonnelier et des *brumans* employés à carger (charger) et relier ladite pipe.

Il existait donc aussi à cette époque des *bremens* en Angleterre pour charger les pièces de vin (1).

---

(1) M. Léchaudé, auquel la science sera bientôt redevable d'un excellent travail de classification, encore inédit, sur le *Domesday-Book*, nous fait encore remarquer que dans ce livre de cens, exécuté, pour tout le territoire de l'Angleterre, par les ordres de Guillaume-le-Conquérant de l'an 1080 à 1086, on trouve plusieurs

Si l'on s'en rapporte au silence du livre des métiers d'Étienne Boileau, écrit au XIII.e siècle, il n'en aurait point existé alors dans la ville de Paris. Il ne paraît pas d'ailleurs qu'il s'y en soit établi plus tard.

Quant à l'époque précise de la création des *francs-bremens* dans la ville de Caen, elle paraît remonter à un édit du Roi Charles VI de l'année 1400, qui, dit-on, en portait établissement, et qui se trouve relaté dans un acte de présentation et de prestation de serment d'un *franc-bremen* devant le tribunal de l'amirauté de Caen, le 12 août 1748.

Mais à quelle occasion dut avoir lieu cette fondation? rien ne l'indique dans les chartes que nous possédons.

Si nous cherchons quelles furent les vicissitudes que subit cette corporation des francs-bremens, et comment ses franchises ainsi que ses obligations se trouvèrent modifiées ou augmentées par la suite des temps, il nous sera aisé de le découvrir : cela d'ailleurs ne sera pas sans intérêt pour montrer les idées d'envahissement

fois des individus du nom de *bruman* ou *brumanus*, indiqués comme francs-sous-tenanciers d'archevêques ou autres seigneurs, même du temps du roi Édouard. (Voir t. 1, p. 2, A.—p. 56, B.—p. 146, B. — p. 89, B. — et t. 2, p. 342.)

On peut augurer de là l'existence antérieure des bremens dans les divers comtés d'Angleterre où ils sont indiqués, en supposant que ces noms de *bruman* aient été des dénominations d'offices adoptés pour noms patronimiques, comme ceux de le *Veneur*, le *Bou-tillier*, le *Charpentier*, l'*Arbalestrier*, etc. Tous ces officiers étaient en effet rétribués par la jouissance des terres que le duc Guillaume leur avait concédées en Angleterre après la conquête, et ils sont tous inscrits sur ce livre sous les noms de leurs fonctions.

qui ne cessaient d'animer les corps industriels ; pour faire connaître quelles restrictions l'autorité avait quelquefois soin d'apporter à leur liberté , et de quelles continuelles oppositions leurs priviléges étaient l'objet de la part soit des habitants , soit des fermiers ou collecteurs de deniers publics , soit même des échevins ou autres gouverneurs de la ville de Caen.

Cette recherche nous conduira en outre à savoir comment , limités à quinze membres jusqu'en 1745 ou 47 , un édit du roi porta leur nombre à dix-sept.

Les francs-brements de Caen, au reste, conservèrent toujours le droit de se recruter par l'élection, tandis que toutes les autres communautés industrielles le perdirent maintes fois par la création de lettres de maîtrises, soit royales, soit seigneuriales , et par les nombreux offices que la fiscalité introduisit dans les corporations pendant tout le règne de Louis XIV (1).

(1) Notre corporation échappa en effet à cet abus qui était pourtant commun à toutes les autres. On sait que pour entrer à cette époque dans un métier , on ne pouvait le faire sans acheter du roi ou de ses traitants une lettre de maîtrise qui dispensait de toute preuve de capacité. Il en était de même des nombreux offices créés dans les métiers , tels que ceux de mesureur, peseur, contrôleur, etc. Les communautés étaient obligées de les racheter , si elles voulaient recouvrer le droit de les conférer à l'élection, ainsi que les maîtrises, à leurs propres membres.

On peut même s'étonner que la ville de Caen , si jalouse du privilége qu'elle avait d'ancienneté de donner des métiers et de conférer des offices de ville, tels que ceux de courtiers de vins, de blé , de bois , de nefs , de mesureurs , d'auneurs , de peseurs , de gardes de la poissonnerie , etc. , n'ait pu retenir aussi le droit de nommer aux fonctions de franc-brement , ou du moins d'en présider l'élection à l'hôtel-de-ville.

Nous découvrirons enfin comment , par extension de
ses immunités primitives , cette communauté des francs-
brements , de gardienne qu'elle était de la personne du
roi et attachée à son service particulier , devint ensuite
industrielle et militaire , obtenant du tribunal de l'amirauté de Caen la confirmation d'un tarif de droits à perce-
voir pour le débarquement des marchandises du port , et
s'attribua ensuite le tir du canon du château , de manière
à former , en 1789 , une compagnie organisée pour le
service de l'artillerie de cette place.

Il restera ensuite à dire comment à notre époque actuelle , en 1837 , cette corporation qui avait perdu tous
ses titres , mais non le souvenir de ses anciens priviléges ,
s'est reformée sur le quai de Caen en société de secours
mutuel , sous le nom de *Carue*, par acte déposé devant
notaire. Et alors on se demandera si le Gouvernement ne
pourrait pas s'occuper d'organiser les compagnonages
actuels si souvent désordonnés , de régler les rapports des
maitres et des ouvriers entre eux , afin de prévenir de
funestes collisions ; et enfin si le régime des chambres
syndicales ne pourrait pas être introduit avec avantage
dans toutes les industries , pour réprimer les habitudes
de fraude qui s'y glissent au préjudice du public.

Maintenant , si , à cause des fonctions variées des francs-
brements , on pouvait douter qu'ils formassent une véritable corporation , il suffirait de recourir à un rôle d'im-
position de l'année 1778 , rendu exécutoire par le subdé-
légué de Caen ; à une quittance du receveur des tailles
pour la même année , et à une ordonnance de confirmation statutaire , rendue par l'intendant de la généralité de

Caen le 1.er août 1780. Il résulte en effet de ces pièces, que ces hommes étaient annuellement imposés à raison de leur travail et du produit de leur industrie, comme faisant corps de communauté, et qu'ils nommaient entre eux des syndics et autres officiers pour la gestion et administration de leurs affaires intérieures.

Il est encore constaté par le registre de leurs délibérations que le dernier élu d'entre eux faisait les fonctions de clerc, c'est-à-dire de greffier, écrivain et porteur d'avertissements dans leur communauté, ainsi que cela se pratiquait dans les autres corporations industrielles.

Ainsi rien n'aura manqué aux francs-brements pour former un corps régulier et en même temps tout exceptionnel dans la ville de Caen : à ce titre il méritait déjà tout notre intérêt ; mais, sous d'autres rapports, il est d'autant plus digne de nos recherches, qu'il vient de se reconstituer sur de nouvelles bases, et que ses nouveaux statuts répondent éminemment aux besoins d'association de l'époque actuelle.

Nous avons recherché, au commencement de cette notice, quelle avait pu être en général l'origine des corporations du genre de celle dont nous nous occupons.

Maintenant nous allons exposer particulièrement l'organisation statutaire des francs-brements de la ville de Caen.

Leur existence, qui nous est révélée par des lettres-patentes de Charles VIII du 4 septembre 1486, n'était pas alors un fait nouveau, puisque l'auteur de cette charte de 1486 ne faisait que confirmer les libertés, franchises, droits et priviléges qui avaient été octroyés aux francs-brements de Caen par les rois ses prédécesseurs, et dont ils étaient depuis si long-temps en si bonne possession et saisine que cela devait suffire (1).

Leurs fonctions, ainsi que nous l'avons déjà fait remarquer, consistaient alors à faire guet et garde, et à tenir du feu allumé durant les nuits, à leurs dépens, devant le lieu où, soit le roi, soit aucuns de son sang et lignage étaient logés, toutes et quantes fois qu'ils venaient en la ville de Caen. Elles consistaient encore à descendre ou avaler ès caves de ladite ville et chastel, tous *les vins* qui y étaient amenés pour la provision et dépense dudit roi et de son lignage, sans en pouvoir demander ni avoir

(1) Si l'on ne peut retrouver les titres anciens de ces francs-brements, cela tient à ce que toutes les archives des villes principales de la Normandie furent pillées et détruites, aux deux époques désastreuses de l'occupation de ce pays par les Anglais, au commencement du XIVe et du XVe siècle. Les pièces les plus importantes dont j'ai pu faire usage m'ont été communiquées par M. Gosselin-Fouchaux, négociant à Caen, dont le père était dernier syndic de cette corporation à l'époque de notre révolution. Je lui en dois d'autant plus de reconnaissance que l'incurie des hommes ou les spoliations particulières ont fait disparaître jusqu'au dernier exemplaire authentique des titres que cette communauté avait pris soin de faire transcrire et déposer à l'hôtel-de-ville de Caen, au commencement du XVIIIe siècle. Je dois cependant à la bienveillance éclairée des administrateurs actuels de cette ville et au zèle empressé de M. Le Bailly, chef des bureaux de la mairie, d'avoir retrouvé dans ce dépôt public quelques pièces importantes qui m'ont été d'un grand secours. Les représentants des anciens *francs-brements* composant actuellement, sur le port de Caen, le bureau de l'ancienne *carue*, m'ont également aidé de leurs titres avec un dévouement dont je ne cesserai de leur conserver le souvenir. Si je puis parvenir à sauver cette intéressante corporation de l'oubli, c'est certainement à toutes ces personnes que je le devrai.

aucun profit ni salaire. Mais, à cause de cette sujétion, ces hommes étaient francs, quittes, paisibles et exempts de toutes tailles, guets et subsides faits et levés en ladite ville de Caen.

Nonobstant de précédentes lettres de confirmation données par le même roi et son chancelier à nos francs-brements, quelques individus s'étaient efforcés de les contraindre à faire guet et garde en la ville; et même les paroissiens de leurs paroisses respectives les avaient imposés et assis aux rôles des tailles et subsides, sous prétexte que les commissions données par le roi pour l'octroi de la présente année ou autrement, ne les en exemptaient pas formellement.

Alors, pour se plaindre de ces torts et en demander la réformation, ils avaient adressé leur requête au roi, qui, par les lettres-patentes dont nous venons de parler, datées de Beauvais, le 4 septembre 1486, avait ordonné au bailly et aux élus de Caen de maintenir lesdits brements en leurs libertés, franchises, droits et priviléges, s'il leur apparaissait, après avoir appelé le procureur du roi, et autres personnes devant être appelées en pareil cas, que les brements en eussent joui depuis long-temps, et en eussent obtenu des lettres-patentes suffisantes.

Cependant ces lettres ne furent point suivies de l'information que semblait prescrire leur contenu. Le motif en était sans doute que les franchises des brements étaient assez notoires pour qu'il fût inutile de les soumettre à un examen particulier; aussi, deux sentences rendues par les élus de Caen, le 5 février 1487 et le 23 juin de la même année, reconnurent-elles très-positivement leurs priviléges, en faisant défense de les violer en rien.

Par la première , il fut déclaré , *sur la question d'une contrainte* exercée par les paroissiens , manants et habitants de la paroisse de *Saint-Pierre-en-l'Isle* , sur les biens d'un nommé Hugues d'Imbleville , franc-breman à Caen , pour le fait des deniers assis par le roi sur les gens de pied , que ledit Hugues et ses semblables francs-bremants de cette ville étaient exempts de tout subside du fait des aydes , jouxte l'état de leurs priviléges , et en suivant certaines *lettres-royaux* par eux obtenues. Il est à remarquer que cette sentence mentionnait avoir été rendue en présence de sept paroissiens de Saint-Pierre de Caen , qui n'y avaient mis contredit ni débat ; et qu'à ce moyen les parties avaient été renvoyées hors de cour et de procès , sans intérêts de part ni d'autre.

Par la deuxième sentence , la femme d'un nommé Pain , pour lors absent en pélerinage à Saint-Jacques-en-Galice , poursuivant l'opposition mise par son mari contre une exécution requise par le collecteur d'un rôle fait en la paroisse Saint-Pierre vers le chastel , pour le fait des gens de pied , fut déclarée exempte de tailles et autres subsides du chef de son mari , à raison de sa qualité de *franc-breman.*

A l'avénement du successeur de Charles VIII , les francs-bremments qui avaient été troublés en leurs droitures et franchises , sollicitèrent de ce monarque des lettres de confirmation , demandant qu'il leur fût pourvu de remède convenable et de provision. Mais leur requête ne se borna point à rappeler les droits et devoirs énumérés dans les lettres-patentes de 1486. Déjà ils s'étaient permis quelques envahissements , et ils se préparaient à les faire sanctionner par cette voie. On verra par la suite qu'ils employaient toujours ce moyen de faire reconnaître chacun des priviléges que par l'usage et l'habitude ils avaient eu soin d'ajouter à ceux qu'ils possédaient déjà.

Cette requête énonçait en effet , indépendamment de leurs priviléges ordinaires , que d'*ancienneté* ils avaient été constitués en la ville et faubourgs de Caen , au nombre de quinze , pour la décharge des *vins, cidres, meules*, et *autres marchandises* arrivant en cette ville ; et que quand aucun d'iceux brements allait de vie à décès , ils avaient *le droit d'élire pour le remplacer , un autre tel que bon leur semblait , à ce propre et suffisant*. En conséquence , le roi manda à son bailly et aux élus de Caen , par lettres datées de Rouen le 11 février 1504 , de maintenir les brements dans leurs droitures, libertés et franchises, s'il leur paraissait (après avoir appelé le procureur du roi et autres qui pour ce seraient à appeler) qu'ils en fussent en suffisante possession et saisine , ainsi qu'ils auraient accoutumé d'en jouir et user d'ancienneté.

Aussi l'information fut faite le 18 février 1504, devant le bailly de Caen , à la requête desdits brements , touchant le fait principal de l'exemption par eux prétendue des aydes de la ville.

Quinze témoins furent entendus , presque tous habitants des paroisses Saint-Pierre et Saint-Gilles , et la plupart assiéteurs et collecteurs des tailles, fermiers des aides, greffier de l'élection, ou praticiens en la cour des élus.

Il résulta de leurs déclarations que les brements étaient appelés francs à cause de leurs priviléges, consistant à être quittes et exempts de contribuer aux tailles , et même aux aides de la ville , et à élire des remplaçants dans leur corps, lorsque l'un ou plusieurs d'entre eux venaient à décéder.

A

A raison de ces priviléges, ils devaient faire guet et garde et grand feu durant les nuits devant le logis du roi ou autres de son sang, aller quérir, à leur charge et coût, le bois nécessaire à cet effet, et descendre *les vins ou autres boires* aux caves et celliers du chastel, *même pour les capitaines y étant ou leurs lieutenants.*

Il fut reconnu que toutes ces choses s'étaient déjà faites plusieurs fois, notamment lorsque le duc Artur, connétable de France, était venu loger à Caen, chez Gueret le chevalier, et lorsque le roi Charles VIII avait aussi logé chez Allain Goiyon, bailli de Caen.

Les assiéteurs des tailles déclarèrent enfin que ces francs-brements ayant été assis à la taille à cause de la grande marchandise qu'ils faisaient, et parce qu'ils étaient reconnus riches, ils les avaient vus déclarer exempts de tailles et d'aides et dérôler par les élus de Caen. Ils ajoutaient même que ces élus, avant de prendre leur décision, avaient fait venir devant eux les assistants et paroissiens pour soutenir l'assiette par eux faite ; et qu'après avoir pris de part et d'autre toutes les informations nécessaires, ils avaient encore mandé plusieurs notaires-praticiens pour faire, d'après leur opinion, le jugement du procès.

Comme on peut le remarquer, il résulte des lettres du roi du 11 février et de cette enquête faite le 18, deux faits nouveaux dont aucune lettre-patente n'avait jusque-là fait mention, à savoir, le droit dont les francs-brements justifiaient s'être mis en possession *d'élire entre eux*, au cas de décès d'un franc-brement, un autre en remplacement, tel que bon leur semblait, à ce propre et suffisant : l'obligation, à laquelle ils paraissaient s'être soumis, de

descendre aux celliers du château les vins et *boires pour*
la provision des capitaines de cette place et de leurs lieutenants.

Sans doute, ces chefs militaires avaient trouvé convenable
de se faire servir comme le roi par les francs-brements,
sous la condition tacite de les protéger à leur tour , et de
fermer les yeux sur les nouvelles prérogatives qu'ils pour-
raient s'attribuer. Cependant ces lettres , comme les précédentes , n'étaient que conditionnelles ; aussi les quinze
membres de la communauté les présentèrent-ils , après
l'enquête, au lieutenant-général du bailli, pour être vérifiées
et enregistrées ; et , le 13 janvier 1505 , acte fut donné de
cette présentation. Mais lorsque , du consentement et avis
des avocat et procureur du roi , le bailli les entérina ,
après avoir pris ses informations , il eut soin de faire in-
sérer la mention suivante : « parce que toutefois , en cas
» de décès d'aucun d'eux , ils seraient sujets à en présenter
» un au bailli ou à son lieutenant (appelés lesdits officiers
» du roi) , de l'état et essence qu'ils doivent être , sans
» entreprendre aucune chose de novalité, pour à icelui être
» baillé et attaché lettre de jouissance , le droit du roi
» sauf en ce et en toutes choses. »

C'était une espèce de retour au droit commun , et
pourtant c'était tout-à-la-fois la reconnaissance , seulement
modifiée, d'une usurpation du pouvoir d'élection ; car il
n'en avait jamais été parlé , dans aucune lettre-patente ,
comme d'un droit acquis.

C'est ainsi que ce droit d'élection se trouva reconnu ,
mais sous le contrôle du bailliage , sans doute pour le
resserrer dans de justes limites , et pour donner en quelque
sorte l'investiture au nouvel élu, en recevant son serment.
Toutefois , des lettres-patentes de François I.er devaient ,

vingt-quatre ans plus tard , le leur conférer d'une manière tout-à-fait légale et définitive.

Voici quelles étaient les formalités à observer dans les derniers temps pour la prestation du serment d'un nouvel élu :

Après l'élection faite par toute la communauté , réunie *dans la chambre de ses délibérations* (et non à l'hôtel-de-ville ou au couvent des Jacobins , comme cela se pratiquait pour beaucoup d'emplois , même pour ceux de l'Université) , quatre francs-brements , ou un plus grand nombre , députés à cet effet , et faisant fort pour les autres , présentaient celui qui venait d'être élu , au tribunal de police (bailliage , siége présidial , ou amirauté) , aux fins d'être reçu et admis à exercer avec eux ses fonctions , à l'exclusion de tout autre non reçu , conformément à leur édit d'établissement. Tout cela se faisait pour , en payant les droits accoutumés , jouir des mêmes priviléges et émoluments , fruits , profits et exemptions , franchises et libertés , dont la communauté avait toujours joui. Ils demandaient , en conséquence , que le serment en tel cas requis fut reçu de la part du présenté , dont ils attestaient et certifiaient en même temps la bonne conduite , les bonnes vie et mœurs. Alors le lieutenant-général , du consentement du procureur du roi , admettait l'élu aux fonctions de franc-brement , et recevait de lui le serment de se conformer à l'édit de leur établissement et aux réglements , de servir fidèlement le roi et les marchands , de porter honneur et respect à ses supérieurs , et aux charges de comparoir (on ne sait pourquoi) à l'audience du siége de la juridiction , le premier jour plaidable d'après la Saint-Michel et d'après Quasimodo de chaque année.

De tout quoi il était rédigé acte, signé par les francs-brements présents et le lieutenant-général, pour en être, après la taxe de chaque homme de loi et du greffier payée, délivré acte au récipiendaire.

Sans doute, il pourrait être intéressant de pénétrer plus intimement dans les affaires particulières de cette communauté et de parcourir quelques-unes de ses annales. Il serait utile peut-être de suivre avec attention sa marche progressive, au milieu du conflit des intérêts divers qui lui disputaient, ou ses prérogatives réelles, ou celles qu'elle acquérait par usurpation.

Ici, c'étaient les habitants qui venaient devant le tribunal du bailli s'opposer à l'enregistrement de leurs lettres-patentes, ou leur contester des droits mal assurés.

Là, c'étaient les collecteurs des deniers publics, les fermiers de la tannerie, de la draperie, de la poissonnerie, de l'œuvre du poids, de l'argenterie, ou des autres aides et impôts établis dans la ville, qui renouvelaient à chaque instant leurs doléances devant la justice, afin de faire payer par les francs-brements les droits qu'ils devaient à ces fermes.

Dans tous les cas, on voyait figurer, à ces longs débats, les échevins et gouverneurs de la ville, soit comme appelés en garantie des adjudications qu'ils avaient faites, soit pour défendre les priviléges de la ville confiés à leur surveillance;

Enfin, les avocat et procureur du roi du bailliage, pour requérir d'office, ou bien une décision favorable à la communauté, ou l'annullation des délibérations qu'elle avait pu prendre illégalement.

Mais toujours les luttes judiciaires finissaient par des lettres-patentes, obtenues sur requête et sans aucun contrôle réel , quoiqu'elles fussent confirmatives , de chaque nouvelle usurpation.

Puis ces lettres étaient renouvelées de règne en règne , à charge quelquefois d'un nouveau service imposé à la corporation ; de sorte que la seule partie intéressée à la répartition égale des impôts , le peuple enfin , ne parvenait qu'avec des peines infinies à resserrer dans de justes limites les exemptions des francs-brements.

Qu'importait en effet au roi l'accroissement des pré. rogatives de cette communauté , puisqu'il n'en coûtait rien à l'Etat ? Tant que le peuple ne se plaignait pas , la royauté y trouvait au contraire le double avantage, d'attacher ces hommes à son service particulier , et de leur imposer parfois de nouveaux devoirs , qu'ils supportaient dès-lors sans se plaindre. Mais on pourrait voir que le recours à l'autorité judiciaire supérieure était presque toujours efficace , et que si le roi se montrait facile sur l'étendue des concessions , le grand Conseil était souvent aussi disposé à les restreindre : c'est ainsi qu'il fallut plusieurs arrêts de cette haute - cour pour rejeter les dispenses de paiement d'impôts , de la part des francs-brements , sur les denrées et marchandises nécessaires à leur usage et à celui de leurs maisons ; ce furent de pareils arrêts qui les forcèrent également de payer , même sur ces choses de première nécessité , la partie d'impôt levée sous le nom d'*octroi* , et destinée à l'entretien et réparation des fortifications de la ville.

Les bornes de cette notice nous obligent de passer sous silence le compte-rendu de toutes ces discussions. Nous nous contenterons donc de présenter l'analyse succincte des actes principaux de la communauté dont nous nous occupons.

On peut en effet réduire à quatre points de vue généraux les faits historiques qui se rattachent à l'accroissement des prérogatives des francs-brements de Caen , sous le régime des lettres-patentes qui leur furent accordées par les rois de France.

1.° Sous Charles VIII , en l'année 1486 , ils s'étaient fait reconnaître sujets d'ancienneté à faire guet et garde avec armes, et en tenant des feux allumés, à leurs dépens, dans le lieu où le roi était logé , et à descendre dans les caves de la ville et du château les vins nécessaires pour sa provision et pour celle des princes de son sang. A cause de cela , ils étaient alors exempts de toutes tailles , guets , subsides et autres taxes de ladite ville.

2.° Par lettres-patentes du 11 février 1504 , Louis XII , au moyen des charges susdites , les avait autorisés , en outre , à descendre tous les vins, cidres , meules et autres marchandises venant en la ville de Caen , et à élire , quand aucun d'eux décédait , un remplaçant tel que bon leur semblait.

3.° En 1529 , François I.ᵉʳ avait de plus reconnu , qu'à cause de leurs sujétions , *à eux seuls* (1) appartenait le droit

***

(1) Il paraît que ce privilége exclusif était cependant soumis à quelques exceptions ; car , dès le XV.ᵉ siècle , il existait à Caen une corporation de vingt-six *francs-porteurs* au grenier à sel , qui seuls aussi avaient le droit de décharger cette denrée des navires pour la transporter au grenier de la ville ; et de là , après l'avoir mesurée , la porter au château , trois fois par semaine , pour les besoins de la garnison , et jusques à l'entrée des magasins des acheteurs , sans aucune rétribution.

Divers certificats des années 1713 et 1717 constatent encore que ces francs-porteurs de sel , dont presque toutes les obligations et les de descendre , monter et avaler toutes les autres choses , vins et marchandises se chargeant et déchargeant en ladite ville , faubourgs, rivières et port dudit lieu de Caen, à raison de 3 sous 6 deniers par tonneau, et à l'équipollent des autres marchandises , ainsi que de tout temps et d'ancienneté il était accoutumé : il avait aussi confirmé leur droit d'élection en cas de décès de l'un d'eux. Ces lettres furent confirmées, purement et simplement, en 1547, par Henri II; et en 1561 , par Charles IX.

4.° Enfin , par autres lettres de Charles IX , de l'année 1567, confirmées par Henri III en 1576, les obligations des francs-brements furent encore étendues sur leur propre requête, et ils eurent la charge de transporter, à leurs frais , au château et sur les remparts , toute l'artillerie du Roi ; mais , par une conséquence nécessaire , ils devinrent seuls canonniers du château , et en exercèrent les prérogatives. Une lettre du ministre de la guerre , du 31 décembre 1751, écrite à M. de La Briffe , intendant de Caen , conféra

prérogatives étaient les mêmes que celles des francs-brements , venaient au château , toutes les fois qu'ils en étaient requis , et sans rétribution , pour remuer les poudres et les boulets , mettre les canons en batterie , et servir l'artillerie en tout ce qui était nécessaire.

On trouve aussi dans les statuts des *Tonneliers* de la même ville, du 28 novembre 1678 , article 13 : « qu'il était permis aux hommes » de cette industrie de décharger les vins et boissons des caves, pour » encaver, décaver, *brimander* et prendre et descendre à bord » des navires les vins qui étaient sur l'eau , et recharger de bord » en autre devant les quais de la ville de Caen , sans qu'aucune » personne pût les en empêcher. » Le mot *brimander* paraît signifier ici faire office de *brimand* ou de *brement*.

définitivement à eux seuls ces fonctions de canonniers , que le capitaine du château avait cru pouvoir attribuer , concurremment avec eux , à des hommes de son choix.

Comme on le voit , les francs-brements avaient une double qualité , celle d'officiers de la ville , et celle de simples hommes de métier.

A ce double titre aussi , des honneurs leur étaient conférés. Ils avaient place aux cortéges qui accompagnaient les rois ou les princes lors de leurs entrées solennelles dans la ville de Caen , et ils figuraient , tenant leur cierge à la main , avec les autres corps de métiers de la même ville , à la procession générale du jour de la Pentecôte.

On trouve, en effet, dans le Matrologe de Caen, f.° 190, qu'à l'entrée solennelle de François I.ᵉʳ dans cette ville , le mercredi 3 avril 1532 , marchaient d'abord les ordres religieux , le clergé des paroisses , les membres de l'Université et leurs six cents écoliers ; puis six cents hommes de pied en ordre de guerre, les enfants de la ville de l'âge du dauphin , et vingt jeunes gens à cheval conduits par le vicomte de Caen. Venaient ensuite les cinquante archers et mortes-payes du château, accoustrés des couleurs du seigneur de Rochepot leur capitaine , menés par M. de la Menardière , son lieutenant au château , suivis par les *officiers de ladite ville* , comme *brements* , francs-porteurs , courtiers , mesureurs de sel , de blé , et verdiers, jusques au nombre de cinquante , accoustrés de tanné garancé , ayant une manche de satin des couleurs du roi , troussée par derrière à la lansquenette. Ce cortége était fermé par les sergents ordinaires dudit Caen , accoustrés de la même parure , et ayant chacun un bâton blanc à la main. — Et au soir (Matrol. , f.° 194) , étaient faits , devant le logis du roi , par les *bremens* et francs-porteurs de la ville , les feux de joie.

Quant à la procession de la Pentecôte , elle se faisait avec grande solennité dans la même ville. On y voyait figurer , non-seulement tout le clergé de la ville et des faubourgs , mais encore les lieutenants du bailli , l'avocat et le procureur du roi au bailliage, et les membres du corps de ville ; tous les corps de métiers y assistaient aussi avec leurs bannières en tête , et portant des emblèmes ou objets de leurs professions , attachés en forme d'enseignes à des bâtons peints et pavoisés. Depuis l'origine de cette procession, chaque corporation y portait son cierge auquel étaient attachés les deniers à Dieu , recueillis durant l'année dans chaque métier pour la confirmation de chaque marché , et à raison de la quantité de marchandise vendue par chacun. Les fermiers de la prévôté portaient également des cierges , auxquels, dit M. de Bras , il y avait , avant les troubles religieux , des *escus-sol* attachés aux quatre coins. Tous ces cierges étaient ensuite laissés à l'Hôtel-Dieu , auquel ils étaient destinés avec leurs deniers à Dieu, sous peine de confiscation , d'amende et de prison pour le détournement du moindre denier.

Au surplus , les francs-lremens et les autres corps de métiers marchaient ainsi qu'il suit, dans l'ordre réglé en une ordonnance faite , le 18 mai 1569, par l'évêque de Bayeux , les maire , gouverneurs et échevins de la ville de Caen (1) :

(1) M. de Bras n'ayant pas rapporté exactement ce règlement dans ses *Recherches et Antiquités de la ville de Caen* , on peut consulter l'original qui se trouve aux archives de l'Hôtel-de-ville , boîte 1re . n.º 681.

1.º Les telliers ; 2.º menuisiers , tourneurs , tonneliers ;
3.º maçons, charpentiers , couvreurs , serruriers , vitriers;
4.º boulangers ; 5.º vinotiers ; 6.º verdiers , courtiers de
sidre et menu boire ; 7.º bouchers ; 8.º chandeliers ;
9.º poissonniers ; 10.º dinandiers ; 11.º estamiers , plom-
biers ; 12.º portefaix ; 13.º charbonniers ; 14.º beurriers ,
potiers ; 15.º hauts-brouetteurs ; 16.º bas-brouetteurs ;
17.º francs-porteurs de sel ; 18.º *francs-brumens* ; 19.º ma-
réchaux ; 20.º mégissiers ; 21 tanneurs ; 22.º chapeliers ,
bonnetiers ; 23.º épiciers-droguistes ; 24.º carreleurs ;
25.º pelletiers; 26.º peigneurs, cardeurs; 27.º babeurtiers;
28.º cuisiniers , pâtissiers , poulaillers ; 29.º taillandiers ,
couturiers , perruquiers ; 30.º cordonniers ; 31.º selliers ,
éperonniers; 32.º bastiers ; 33.º tapissiers , matelassiers ;
34.º faiseurs de bas ; 35.º passementiers ; 36.º cartiers ,
papetiers ; 37.º grossiers , merciers ; 38.º orfèvres ; 39.º
drapiers; 40.º fermiers de la prévôté.

Cet ordre de marche ayant subi quelques changements
dans les siècles suivants , les corps de métiers se trouvèrent classés ainsi qu'il suit , en l'année 1773 , en vertu
d'une ordonnance du lieutenant-général de police de Caen :

1.º Les toiliers, 2.º menuisiers, 3.º tourneurs, 4.º maçons,
5.º charpentiers , 6.º couvreurs , 7.º serruriers-maréchaux-
blanchevriers, 8.º vitriers, 9.º boulangers, 10.º vinai-
griers-tonneliers , 11.º bouchers des faubourgs , 12.º bouchers de la ville , 13.º chandeliers , 14.º poissonniers ,
15.º dinandiers , 16.º couteliers , 17.º étamiers-plombiers ,
18.º porte-faix , 19.º charbonniers , 20.º croquetiers-beur-
riers-potiers , 21.º hauts-brouetteurs , bas-brouetteurs ;
22.º francs-porteurs , 23.º *francs-brumens-canonniers* .
24.º charrons , 25.º mégissiers , 26.º tanneurs, 27.º gan-

tiers-parfumeurs , 28.º corroyeurs , 29.º cordonniers-carleurs-savetiers , 30.º fripiers , 31.º poudriers , 32.º chapeliers , 33.º ferblantiers , 34.º épiciers-droguistes-apothicaires , 35.º pelletiers-fourreurs , 36.º peigneurs-cardeurs, 37.º teinturiers , 38.º cuisiniers-rôtisseurs-pâtissiers , 39.º tailleurs-couturiers , 40.º boutonniers , 41.º perruquiers , 42.º éperonniers , 43.º fayanciers-verriers-panne-tiers-bouteillers, 44.º selliers-bâtiers-bourreliers-bahutiers, 45.º faiseurs de bas , 46.º passementiers , 47.º cartiers-papetiers , 48.º orfèvres , 49.º grossiers-merciers-tapissiers-matelassiers , 50.º aumeurs.

On ne sait pourquoi , durant les premiers siècles de leur existence , les francs-brements n'avaient point fait enregistrer leurs lettres-patentes. Sans doute ils croyaient pouvoir s'en dispenser , parce que les tribunaux du lieu ne contestaient pas leur existence ; et d'ailleurs ils trouvaient en cela le moyen d'étendre sans cesse leurs droits à la faveur de l'incertitude de leurs titres , qu'ils complétaient chaque jour par des certificats et des enquêtes. Mais pourtant il en résultait contre eux de fréquents procès , et ils s'ennuyèrent d'avoir à soutenir chaque année des contestations ruineuses contre toutes les personnes intéressées à méconnaître l'étendue de leurs priviléges. Ils finirent donc par présenter leurs lettres au parlement de Rouen , qui les enregistra le 22 août 1583 ; à la cour des aides de Normandie , qui en fit autant le 23 juillet 1584 ; et au lieutenant-général du bailli de Caen , qui donna acte de la lecture et publication du tout le 8 octobre de la même année. Et afin que personne n'en pût prétendre cause d'ignorance , ils déposèrent , vers le commencement du XVIII.e siècle , au greffe de l'hôtel-de-ville de Caen , un exemplaire en parchemin , contenant la copie certifiée de leurs titres.

Aussi faut-il remarquer qu'à partir de cette époque , la plupart de leurs priviléges reconnus ne furent plus contestés. Il intervint seulement, le 18 mars 1598, un dernier arrêt du Conseil , et, plus tard , quelques sentences définitives , portant que leurs exemptions de payer les tailles , subsides et octrois, ne s'étendaient qu'aux choses nécessaires à leur provision et à celle de leurs familles. Quant aux taxes destinées aux réparations des murailles de la ville, ils avaient aussi , après de longs débats , fini par les payer : car personne ne pouvait s'y soustraire , pas même les plus grands privilégiés. La nécessité de la défense commune exigeait en effet que chacun participât au paiement de cet octroi , dans la proportion de sa consommation : personne n'en était exempt.

Dans cet état de calme prospère , la communauté n'eut plus à s'occuper que de son régime intérieur , et n'apporta d'autres modifications à ses réglements que celles imposées par les besoins nouveaux résultant de la richesse publique.

Ainsi les affaires commerciales se multipliant, il fallut élever leur nombre de quinze à dix-sept. Un édit de 1745 ou 47 vint y pourvoir.

Ainsi encore le monopole jetant de plus en plus ses profondes racines au sein même de la corporation , les francs-bremonts crurent devoir faire , le 18 août 1748 , un réglement dérogatoire à quelques dispositions de leurs lettres-patentes. Ils se proposèrent d'assurer , moyennant un salaire dissimulé , une espèce de survivance à leurs enfants, pourvu toutefois encore que ceux-ci fussent jugés capables, et payassent , lors de leur admission , un chapeau de six livres et une collation. Au surplus, ils réglèrent entre eux, avec un sentiment de charité bien ordonnée, la distribution de leurs deniers communs.

Mais cette délibération, dont ils voulurent abuser en rejetant le fils de l'un d'eux qui prétendait se faire admettre sans payer, fut cassée par sentence du tribunal de l'amirauté de Caen du 19 juillet 1759, comme ayant été prise illégalement. Il fut même rendu à cette occasion plusieurs sentences portant que le fils d'un franc-brement ne pourrait être admis à remplacer de droit son père, et qu'il serait assujéti comme tout étranger à se soumettre à l'élection, c'est-à-dire à faire preuve de capacité et de probité. En cela, cette communauté différait de toutes les autres, où les fils de maîtres remplaçaient leurs pères à droit héréditaire. Elle n'avait point de maîtrise, ni, à proprement parler, de jurande, puisqu'aucun membre n'exerçait ni surveillance ni juridiction sur les autres. Les francs-brements étaient seulement des espèces d'officiers publics, élus par eux-mêmes et jurés devant le tribunal du bailli. Leurs offices étaient de la nature de ceux de mesureurs, peseurs, auneurs, et de tous les autres préposés à des fonctions de ville, qui recevaient leur nomination des échevins gouverneurs de la ville. Seulement la communauté se recrutait elle-même, et n'était soumise à aucun des édits généraux sur les maîtrises et jurandes ordinaires.

Il ne faut cependant pas croire que le défaut de capacité d'un fils de franc-brement fût habituellement la cause de son rejet de cette société, à laquelle il semblait de droit appartenir : la fiscalité avait la plus grande part dans cette mesure tout intéressée. Cette corporation, comme toutes les autres, s'était obérée en s'imposant de nombreux procès ; et la nécessité de payer ses dettes avait laissé tant d'abus se glisser dans les élections , que si le fils ne pouvait payer la somme considérable , quelquefois de 600 livres , exigée pour son admission , la place était donnée à un étranger qui en offrait cette valeur devenue tout-à-fait vénale.

Nous avons déjà dit que le progrès industriel et commercial avait multiplié les fonctions des francs-brements ; mais ce progrès rendait en même temps leurs relations plus difficiles avec les négociants dont ils débarquaient les marchandises.

Depuis long-temps déjà le tarif de 3 sous 6 deniers par tonneau , et pour toutes marchandises à l'équipollent , était tombé en désuétude pour faire place à des salaires plus élevés , lorsqu'en 1773 les francs-brements sentirent la nécessité de renouveler leurs derniers tarifs et de les faire homologuer par justice. L'introduction des denrées coloniales et des produits indigènes était en progrès dans le port de Caen. Par cela même il était difficile , sans un bon réglement ayant force de loi , de les soumettre à des droits de déchargement fixes et réguliers. Ce fut donc pour prévenir des contestations journalières et même des procès ruineux , que nos brements présentèrent leur tarif à l'approbation de l'autorité.

Nous regrettons de ne pouvoir , à cause de son étendue, en faire connaître les dispositions. Les deux cent cinquante-huit articles dont il se compose , se rapportent d'ailleurs à des objets d'une nature tellement différente , qu'il est impossible de les soumettre à aucune analyse. Nous espérons toutefois leur faire trouver place ailleurs, et ne pas en priver les personnes qui pourront y chercher que ques documents sur la nature et l'importance du commerce maritime de Caen à cette époque.

Avant de donner son approbation à ce tarif, le tribunal de l'amirauté commença par s'entourer de renseignements; puis, les ayant trouvés favorables, il accorda son homologation, par acte du 1.er juillet de ladite année 1773. Il le fit néanmoins à condition que les brements continueraient, comme précédemment, d'être garants et responsables des marchandises, tant qu'elles seraient entre leurs mains pour les déposer à terre ou dans les navires.

Cette précaution, peu nécessaire sous le rapport de la probité, n'avait d'intérêt que pour prévenir les accidents et les avaries ; car les sentiments d'honneur et de délicatesse étaient tellement héréditaires dans cette corporation, que dans les derniers temps on disait encore proverbialement, quand on voulait parler d'un honnête homme : « c'est un franc-brement. »

Lorsqu'en 1780 cette communauté jugea à propos de se faire reconnaitre par l'intendant de la généralité de Caen pour en obtenir la confirmation de ses priviléges, les témoignages honorables ne lui manquèrent point de la part des principaux marchands, négociants et armateurs, qui s'empressèrent de certifier la réalité et l'utilité des fonctions des francs-brements pour la sûreté et l'avantage du commerce de la ville.

Quelques-uns des membres de cette communauté, qui se faisaient remarquer par leur éducation et leur aptitude aux affaires, entrèrent même, à diverses époques, dans les administrations municipales et judiciaires de la cité ; et le sieur Gosselin, leur dernier syndic, fut élevé, sous l'empire, aux fonctions de juge du tribunal de commerce de Caen.

Peu de temps avant cette époque , lorsque la révolution française éclata , la communauté des francs-brements qu'un décret de la Convention devait bientôt (en 1791) anéantir comme toutes les autres , se vit d'abord envahie dans ses fonctions militaires par le comité général national de la ville.

Pour se conformer à l'intention de ce comité et lui donner les preuves les plus convaincantes de son dévouement et de son obéissance , notre communauté s'assembla le 11 septembre 1789 , et décida que le nombre de ses membres serait élevé de dix-sept à trente-six à cause des circonstances ; mais que les dix-neuf suppléants seraient seulement adjoints à la compagnie pour le service des canons , en jouissant comme les autres des exemptions de la garde bourgeoise et autres dépendantes de ce service, sans demander pour cela aucune rétribution ni récompense , et sans pouvoir prétendre aux droits attribués à la compagnie pour l'embarquement et débarquement des navires des port , quais et rivières de Caen.

Cette compagnie se trouva donc ainsi dépendre d'un chef , qualifié de chef militaire de la milice nationale , et fut composée militairement d'un capitaine , un lieutenant , deux sous-lieutenants , un sergent-major , deux sergents , un caporal-major et quatre caporaux , un artificier-canonnier , vingt canonniers en titre ou adjoints , et deux ouvriers , dont un charron et l'autre blanchevrier.

Pour la facilité du service , l'organisation définitive s'en fit ensuite par divisions , subdivisions et escouades , sous les ordres des officiers , sergents et caporaux. Il fut ajouté un fourrier au nombre des sous-officiers , et un tambour. La compagnie se forma donc en deux divisions ,

commandées

commandées chacune par un sous - lieutenant avec un sergent, et chaque division fut elle-même composée de deux escouades de chacune six hommes , sous les ordres d'un caporal.

Il est inutile de faire remarquer comment la nouvelle forme d'élection introduite dans ce corps sous l'influence de ses nouveaux chefs , s'éloignait de l'ancienne organisation , et devait inévitablement en entraîner la décadence. Il en résultait l'union temporaire de deux forces entièrement distinctes , l'une militaire et l'autre industrielle , composées d'hommes appartenant à ces deux catégories,et ayant des intérêts différents. Conséquemment il se trouvait deux centres d'influence , dont l'un devait tôt ou tard absorber l'autre ; aussi l'association dut-elle se trainer péniblement jusqu'à l'époque définitive de sa chute.

Dire quelle part cette compagnie put prendre aux événements révolutionnaires de ces temps malheureux , c'est ce que j'ignore. On peut seulement supposer que le canon qu'elle tira sous l'influence démocratique qui la dominait , fut celui des réjouissances publiques de cette époque , et des fêtes si singulièrement naïves que donnait la patrie dans ses grands jours de fédération nationale.

Au reste , cette compagnie ne tarda pas à être absorbée par le grand corps de la milice nationale dans lequel elle fut incorporée , et dès-lors les francs-brements-canonniers perdirent ainsi , sous le rapport militaire , toute espèce d'individualité et d'existence indépendante.

Le rétablissement actuel et nouveau des francs-brements en deux corps , sur le quai de Caen , sous le nom d'ancienne et de jeune CARUE (1) , est un fait assez important pour mériter d'être étudié avec quelque soin.

Ne craindra-t-on pas en effet que ce soit une espèce de résurrection , je ne dirai pas d'une jurande du moyen âge , mais d'une de ces anciennes corporations (car il y en avait sans jurandes) si bien organisées , si fortes et si puissantes , qu'elles étaient alors parvenues à faire seules la loi , mais en même temps à établir des liens sociaux là où il n'y en avait plus ; à régénérer la morale par la religion et la charité , là où tout était devenu oppression et misère pour le peuple.

Examinons donc les conséquences de cette régénération.

Ce qui faisait autrefois la gloire des anciennes jurandes, c'est qu'elles étaient véritablement nationales. Elles l'étaient, parce que leur établissement résultait de l'état social même de ces temps barbares. La féodalité régnait avec sécurité dans ses donjons ; le clergé était suffisamment protégé par ses cloîtres , par ses ordres monastiques ou religieux , et par la croyance des peuples. Mais qui pro-

---

(1) Dans la langue latine *carrum* et *carrus* signifie char , chariot , *charrette ; carrucarius*, charretier.

On trouve dans Ducange que, durant tout le moyen âge, ces mots donnèrent lieu à une foule de dérivés , tels que *carruca* ou *caruca*, charrue ; *carrucare , carruare , carricare* , charrier et charger ; *carrucata* , une caruée ou charrue de terre labourable.

En hollandais, *karren* signifie charrette ; *karre-man* ou *karman*, voiturier ; *karrug*, voiture à dos ; etc...

Les Anglais disent aussi *carrier*, voiturier, brouettier.

On comprend dès-lors comment l'association des déchargeurs à dos ou à charrette a pris le nom de *carue* , et comment ces hommes se sont ensuite appelés *carruyers*.

tégeait le peuple contre la tyrannie, la servitude et les avanies des grands? C'était l'association, c'était la jurande. L'individu qu'aucune corporation ne protégeait, se voyait réclamé comme serf par chaque seigneur, qui pouvait reconnaitre en lui un transfuge. C'étaient ces échappés de la glèbe que les jurandes accueillaient dans leur sein, au milieu de la bourgeoisie des villes. C'était pour réclamer un des leurs, ou pour faire valoir leurs droits de commune indépendance, que les corporations se réunissaient en commune, sonnaient leur beffroi de liberté et résistaient en masse à la persécution ou à l'iniquité des seigneurs. Les jurandes ont donc été avec les communes les premiers berceaux des libertés de la France.

Ce qui, dans la suite des siècles, fit périr les jurandes, ce furent les priviléges dont elles s'entourèrent et dont elles se firent souvent un rempart pour éloigner le prolétariat, d'où cependant elles tiraient pour la plupart leur origine; ce fut le monopole industriel qui en résulta avec tous ses abus, en empêchant tout autre qu'un fils de maitre, à moins qu'il n'eût de fortes sommes à verser à la communauté, de pouvoir y entrer, c'est-à-dire de pouvoir travailler pour son propre compte. De là l'obstacle invincible apporté à tout progrès industriel; car si, d'une part, toute concurrence était repoussée par le refus d'une lettre de maitrise, de l'autre, tout progrès était également entravé de la part des diverses corporations entre elles. Car si, pour le succès d'une découverte, on avait besoin d'un ouvrage d'art exigeant le concours de plusieurs ouvriers de diverses professions, il fallait faire faire chaque partie de l'ouvrage par des hommes d'industries différentes, en s'exposant soit à leurs refus ou à leur mauvais vouloir, soit à leur jalouse maladresse , soit enfin à l'énormité de leurs salaires. Ajoutons que l'immutabilité désespérante des statuts de chaque métier, et leurs minutieuses prescriptions, empêchaient, sous peine d'amende , de changer en rien la forme d'un vêtement ou d'une chaussure , de la selle ou de la bride d'un cheval, en un mot de toute espèce de produit industriel. Le carreleur ne pouvait empiéter sur les droits du cordonnier, ni le pâtissier sur ceux du rôtisseur. Toute combinaison utile ou agréable était donc sévèrement interdite ; de sorte que toute lettre de maîtrise , loin d'être un titre d'encouragement et d'invention , devenait au contraire un brevet d'ignorance et d'abrutissement.

Les jurandes devaient donc périr , et elles ont péri par leurs propres excès.

Mais avec elles aussi a succombé l'esprit d'association , sans lequel cependant rien de grand ne peut plus désormais se faire.

Où donc en trouver le remède? N'est-ce pas en cherchant dans la vie même de chaque industrie , les causes de ses progrès et de sa décadence, et en en constatant les effets ?

Et si de toute cette poussière des vieilles institutions il pouvait encore sortir une pensée féconde , facile à mettre en harmonie avec nos mœurs et nos besoins sociaux , pourquoi se refuserait-on à voir revivre quelques-uns des titres de prospérité de l'industrie actuelle dans ceux du moyenâge ?

Qui ne voit le malaise général dont toutes les industries sont travaillées ? D'une part, le désordre moral et la mauvaise foi qui y règnent , appellent de tous les points du pays l'attention des économistes, et demandent impérieusement qu'il y soit pourvu par de bons réglements. D'un autre côté, les travailleurs se plaignent que les grands capitalistes exploitent leurs bras pour de trop modiques salaires, et ils se soulèvent en grandes coalitions. Enfin les petits capitaux improductifs sollicitent aussi leur entrée dans l'industrie générale, mais avec sécurité, et ils attendent encore qu'une bonne loi se fasse sur les sociétés en commandite. Tout se met en effet en actions ayant cours à la bourse, et l'agriculture elle-même se trouve déjà commanditée. Le besoin d'association est donc suffisamment reconnu et constaté.

Ajoutons que les organisations industrielles qui s'opèrent d'elles-mêmes dans tous les pays, et les compagnonages multipliés qui se montrent de toutes parts, dénotent de plus en plus la spontanéité du mouvement industriel de notre époque et de l'esprit d'association qui existe dans les masses.

Mais la plupart de ces associations volontaires ne sont-elles point parfois désordonnées? Abandonnées à elles-mêmes, ne peuvent-elles pas devenir insubordonnées et perturbatrices de l'ordre social? Sont-elles exemptes de tout monopole nuisible à des industries rivales?

Qui ne sait comment actuellement les compagnonages sont organisés par toute la France?

Ici des luttes s'engagent entre des compagnons de diverses loges, et les résultats en sont meurtriers. Durant l'année 1838, des scènes de ce genre se passent au faubourg Saint-Antoine et dans les rues du Temple; en un instant des fiacres recrutés de toutes parts dans Paris, arrivent sur les lieux du combat, chargés de compagnons du devoir qui viennent au secours de leurs frères. La mêlée est à son comble, et les troupes des postes voisins sont obligées d'accourir pour rétablir la tranquillité publique compromise.

Dernièrement, en la ville de Tours, des garçons boulangers, prétendant faire la police de leur métier, attaquent, frappent et blessent plusieurs des leurs qu'ils prétendent *endurcis*, sans doute parce qu'ils ont manqué à quelques-uns des articles de leurs obscurs réglements. Leur corps d'état est divisé en deux parts, les *compagnons* et les *sociétaires ;* ils se donnent pour noms de guerre ceux de *Dévorants*, ou *Margajats rendurcis*, ou *Chiens blancs*, etc... Des cérémonies sérieuses ont lieu de leur part soit à l'église, soit chez la tavernière, qu'ils appellent leur *Mère...* Mais parfois la police correctionnelle est obligée d'intervenir ; et c'est pour quelque méfait résultant de l'association secrète, que fut rendu, le 5 décembre 1838, le jugement correctionnel de Tours qui condamna deux de ces boulangers *(Chiens blancs)* à des peines d'emprisonnement. (Journal *le Temps* du 8 décembre 1838.)

Dans le Midi, mêmes abus, mais avec des résultats encore plus tragiques. Des tribunaux secrets existent dans les corporations, et, à l'exemple des francs-juges, ils prononcent des sentences de mort, pour l'exécution desquelles on ne recule pas devant l'emploi des plus cruelles perfidies. Ce fut le 6 août 1837 que fut poignardé un aubergiste d'Avignon, par les mains de son ancien ami, dans la maison duquel il venait de recevoir durant deux jours l'hospitalité. Son crime était, disait-on, d'avoir révélé les mystères de l'ordre des compagnons cordonniers dont il avait été *Père ,* et d'avoir livré le diplôme de compagnon à plusieurs aspirants , en contrevenant aux statuts de l'ordre. (*Journal des Débats* du 15 août 1837.)

On pourrait aisément , sous ce rapport , multiplier les citations. Mais si , au lieu de faits exceptionnels , nous rentrons dans des faits généraux analogues au sujet qui nous occupe , combien de graves abus ne résultent pas de l'organisation volontaire des associations de porteurs et déchargeurs , dans la plupart des ports de mer du Midi de la France ?

Tout le monde sait qu'à Marseille notamment , ni le négociant , ni le simple voyageur ne sont libres de faire transporter leurs marchandises ou leurs paquets comme bon leur semble , à moins qu'ils ne fassent entrer leurs propres voitures dans les cours intérieures des hôtels où ils descendent. Hors ce cas , les commissionnaires se saisissent des effets , et rançonnent le voyayeur , ne s'agit-il que de remettre un paquet de la main du cocher à celle du domestique d'hôtel.

Quant aux marchandises prises à bord des navires , l'excès du salaire forcé des déchargeurs devient un véritable impôt de douane ajouté à tous les autres , et d'autant plus intolérable , que la voie judiciaire est même impuissante à le réprimer. A défaut de tarif légal , les déchargeurs invoquent leurs usages , contre lesquels aucune raison ne prévaut; et leur corporation est tellement puissante, que l'autorité locale n'ose entreprendre aucune réforme qui la concerne. Je ne citerai qu'un seul exemple de ces exactions : c'est ce qui arriva , il y a quelques années , à M. Mariani , dernièrement consul d'Espagne à Paris. Il ne lui en coûta pas plus pour faire venir d'Edimbourd à Marseille des machines propres à moudre du blé , que pour les faire transporter , par la compagnie des déchargeurs , de ce dernier port dans un autre quartier de la même ville.

Du moins en Suisse , et dans quelques contrées de l'Allemagne et de l'Italie , les tarifs de toute espèce sont affichés partout sur les frontières , par ordre des gouvernements, et qui que ce soit ne songe à employer aucune sorte de violence pour les faire adopter.

Si nous recherchions maintenant tout ce qui se passe de ridicule dans certaines corporations , et que le préjugé établi par l'usage empêchera encore pendant long-temps de pouvoir en extirper , nous referions l'histoire des mœurs plus ou moins grotesques du moyen âge. Nous n'en citerons qu'un exemple. Le 25 février , disaient les journaux de Paris du 6 mars 1838 , a eu lieu à Munich , comme les années précédentes,et au milieu d'un concours innombrable de la population , *le saut des bouchers*. Cet usage consiste à faire sauter quelques apprentis bouchers, vêtus d'une peau de mouton , dans le bassin de la fontaine qui se trouve sur la place du marché ; et ce genre de baptême élève ceux qui le reçoivent , dans la classe des bouchers.

Il est donc constant qu'il subsiste encore actuellement , dans un grand nombre de localités , une infinité de pratiques surannées qui se sont transmises par tradition depuis les beaux temps des jurandes jusqu'à nos jours.

Ce sont ces ridicules et dangereuses pratiques qu'il sera du devoir des administrations éclairées de faire disparaître; mais il leur appartiendra en même temps de faire renaître et remettre en vigueur quelques-unes des mesures de police analogues à celles usitées dans les anciens temps , et sans lesquelles toutes les industries , manufacturières ou commerciales , ne cesseront d'être de véritables duperies

pour le peuple , si déjà elles ne méritent pas d'être quali-
fiées de noms plus sévères.

Autrefois , pour prévenir les abus de la mauvaise fabri-
cation et la mauvaise foi dans les transactions , il existait
dans chaque corps de métier une espèce de tribunal de
famille chargé de veiller à l'honneur du corps , et de dé-
noncer à la justice les fautes de ses membres. Des gardes
jurés , élus , dans la communauté même, par leurs pairs ,
étaient chargés de ces fonctions : telle était la jurande.
Des conditions de capacité et de probité étaient exigées de
celui qui voulait entrer dans un corps de métier : telle
était la maîtrise.

Dans cette organisation régulière , il existait une hié-
rarchie entre l'apprenti , le compagnon , le maître et les
gardes du métier. Les chefs de chaque corps étaient chargés de représenter ses intérêts et de les défendre; et, comme
on l'a judicieusement exprimé , « soit dans ses relations
» extérieures avec le reste de la société , soit dans son or-
» ganisation intime , chaque profession offrait des garanties
» à la société et à chacun de ses membres; ses devoirs
» étaient proclamés; ses droits étaient placés sous la tutelle
» vigilante d'une autorité émanée d'elle-même. »

On écrivait encore , durant les années dernières , à l'occasion de la *Société des gens de Lettres:* « Les anciennes jurandes
ont péri , et avec elles leur monopole et leurs priviléges ;
mais n'y a-t-il pas , dans les institutions enfantées par cet
esprit , des formes compatibles avec le droit commun et
la liberté ? Ainsi , par exemple , l'association , la constitution régulière d'une profession , la surveillance exercée
réciproquement les uns sur les autres par chacun des
individus qui la composent , l'aide et l'appui mutuel prêtés

à chacun , au nom de tous , par des chefs représentants de tous ; tout cela est-il donc quelque chose de si mauvais qu'il faille le rejeter de prime abord , parce que cela rappelle des idées antipathiques à nos idées et à nos mœurs ? Ou bien ce déplorable isolement dans lequel chacun vit renfermé, serait-il , parce qu'on le décore du nom d'indépendance , quelque chose de si parfait qu'il ne faille rien chercher au-delà ? Telle ne sera point l'opinion de ceux qui veulent aller au fond des choses ; etc. »

Sans doute , maintenant , la liberté du commerce et le progrès doivent empêcher toute institution du genre de celle des jurandes de renaître.

Mais pourtant , quoi donc empêcherait de soumettre chaque industrie au propre contrôle de ceux qui l'exercent? Partout ne voit-on pas les corps organisés avoir leurs syndics ? et qui s'aviserait de dire qu'ils engagent en cela le moins du monde leur liberté ?

N'existe-t-il pas des chambres des notaires , des avoués , des huissiers ? Et dans le corps le plus jaloux de son indépendance , dans celui des avocats, n'existe-t-il pas un conseil nommé à l'élection par le corps lui-même , et chargé d'y maintenir la discipline et l'honneur ?

Chose étrange ! on craint de réglementer ainsi l'industrie , tant on s'effraie des mots usités au temps passé , et , sous prétexte de liberté , on laisse la licence la plus effrénée prendre la place de la bonne foi et ruiner partout la confiance !

En un mot, pourquoi les industries n'auraient-elles pas dans leur propre sein des censeurs de leurs abus ?

Nous cherchons bien loin des mesures législatives à prendre , et , pendant ce temps-là , la moralité éclairée s'avise quelquefois de se faire assez bien sa propre loi.

Espérons du moins que de nombreux exemples venant à être donnés d'en bas , finiront par encourager le pouvoir à en étendre l'influence sur le pays , en les formulant dans des dispositions réglementaires.

Les francs-brements de Caen ont déjà fait seuls leurs tentatives il y a vingt ans ; aujourd'hui ils les renouvellent avec plus de confiance et d'une manière plus complète.

A leur ancien nom ils ont substitué celui de CARUE , emprunté , vers 1814 , à leurs confrères de Rouen (1) ; et dès l'année 1818 , ils consignèrent , dans des statuts sous seing privé , les nouvelles règles par lesquelles ils voulurent se gouverner entre eux.

Alors ils étaient au nombre de dix , se disant composer la société des francs-brements du port de Caen. Leur intention , exprimée dans ces articles , fut de ne rien changer aux réglements précédemment établis par la société.

Ils arrêtèrent donc , le 13 janvier , les dispositions suivantes : 1.º qu'à compter du trimestre courant , il ne serait plus prélevé que 2 centimes 1/2 par franc jusqu'à 200 fr. , et que l'excédant de la masse serait ensuite partagé comme par le passé ; 2.º que cette somme de 200 fr. serait destinée aux malades ou infirmes , à titre de secours , à raison de 16 sous par jour , mais sur le vu d'un certificat d'officier

(1) L'Almanach de Rouen , au titre « des *Caruyers* pour la dé-
» charge et l'embarquement des marchandises à bord des navires » ,
nous apprend en effet qu'il y existe un établissement de *carues réunies,*
ayant un directeur , un chef de bureau , un receveur , deux syndics
et un syndic-adjoint.

de santé ; 3.° que celui qui réclamerait le montant de l'apport par lui fait en entrant pour les ustensiles , n'aurait plus droit à ces secours,et ne ferait plus partie de la société; 4.° que ces secours seraient personnels et distribués par trimestre ; 5.° que l'infirme ou le malade qui se ferait remplacer par son fils , n'aurait plus droit à ce secours , parce que le fils partagerait avec la société par dixième, et en laisserait toutefois , à chaque trimestre , le tiers à son père ; 6.° enfin . que , durant la vie de son père , il ne contribuerait point à la retenue pour les 16 sous par jour promis aux incapables de travailler.

Cet état de choses ne constituait pas une organisation très-régulière ; car les anciens réglements , dont on se prévalait , étaient totalement oubliés. On savait seulement que l'on était responsable des avaries provenant du déchargement, lorsque la marchandise était *sous palan* , et qu'il ne s'agissait plus que de la trainer sur les *Chemins* ou *Ranchers* (1) pour la mettre à terre. Les gens de l'équipage étant tenus de hisser les marchandises à la hauteur du quai, il s'ensuivait aussi que, si l'accident ou l'avarie arrivait par la défectuosité ou mauvais établissement des poulies et de leurs cordes , la responsabilité demeurait pour le compte du patron ; si la faute était commune entre ses gens et les déchargeurs, l'indemnité à payer à l'armateur se trouvait dès-lors soldée, à raison de moitié par chacun.

Cette obligation , ainsi que toutes autres imposées par l'usage , telles que de se pourvoir d'ustensiles , etc. , se trouvaient aussi nécessairement exécutées ; mais le reste

(1) On appelle ainsi les madriers que l'on appuie sur le navire et sur le quai, pour communiquer de l'un à l'autre.

n'existait plus que d'une manière confuse dans la mémoire des anciens de la communauté.

On peut donc dire que leur constitution de 1837 fut fondée sur des bases toutes nouvelles, appropriées aux besoins d'alors ; et lorsque , les 1.er et 3 août, les onze fondateurs se réunirent pour consolider , disaient-ils , les statuts d'une société toute philanthropique formée dans la ville de Caen depuis un temps immémorial , et dont ils avaient reconnu les heureux effets , on peut voir , par ce qui précède , que ce qu'il y avait d'ancien dans la société n'était pas la partie philanthropique , mais , au contraire , le privilége et le monopole.

Quoi qu'il en soit , le but de la nouvelle association créée en 1837 a été uniquement d'assurer à chacun de ses membres , présents ou à venir , des secours temporaires dans le besoin.

Les statuts, déposés en l'étude de M.e Poignant, notaire à Caen , sont rédigés avec méthode sous les quatre titres suivants : *organisation* , *secours* , *police* , et *dispositions générales*.

Voici , au surplus , quelles en sont les principales dispositions.

« La société a pour objet les travaux de peine auxquels ceux qui la composent se livrent habituellement ; ils consistent dans l'embarquement et le débarquement des marchandises et arrivages quelconques du port de Caen.

» Quant aux devoirs particuliers des associés les uns à l'égard des autres , ils sont réservés comme devant être l'objet d'un réglement ultérieur à faire entre eux.

» Leur nombre, alors fixé à onze, est déclaré illimité pour

l'avenir. La majorité simple au scrutin secret est nécessaire pour les admissions ou les rejets. Les conditions d'admission consistent à être honnête homme et capable , et à verser 150 francs dans la caisse de la société dans les huit jours de l'admission.

» La société nomme son comptable , qui touche les recettes et produits du travail de tous. Pour son salaire , il a une part d'associé dans les dividendes. Le partage de la masse se fait tous les trois mois. Le fonds de caisse peut être distribué en cas de nécessité , mais doit être reformé au moyen de retenues trimestrielles. Un fonds de réserve est en outre établi , au moyen de pareilles retenues et prélèvements , pour être versé à la caisse d'épargnes. Il est destiné aux besoins imprévus de la société.

» Quant aux secours , le membre de la société réduit à l'impossibilité absolue de travailler , présente un remplaçant qui ne peut acheter sa charge plus du tiers de sa part dans la répartition trimestrielle , ou d'un franc par jour. Par réciprocité , la société a le droit de pourvoir au remplacement de celui qu'elle trouve incapable de travailler , en l'indemnisant du tiers d'une part de travail.

» Le sociétaire blessé en travaillant , ou empêché momentanément de travailler par maladie , a droit , au premier cas , à sa part dans le produit du travail , et , dans le second cas , à une indemnité d'un franc par jour, mais pendant six mois seulement , après lequel temps il doit présenter un remplaçant.

» Le remplacement peut être temporaire ou définitif.

» Si le remplaçant se trouve lui-même blessé en travaillant , ou malade , la société lui subvient également durant six mois.

» La société se choisit tous les ans un président et un caissier.

» En cas d'exclusion et de retraite d'un membre , soit volontairement , soit par décès , il lui est fait restitution , ou à ses héritiers , de sa mise en société et de sa part proportionnelle dans le dividende trimestriel.

» Le fils ou l'aîné des fils d'un associé remplace de droit son père , s'il réunit les conditions voulues.

» La société peut se dissoudre du consentement de tous ses membres , ou se modifier ; pour cela il faut le consentement de tous.

» Cependant les statuts peuvent être changés à la simple majorité , mais seulement après dix ans , et encore dans le premier mois de la onzième année.

» Enfin tous s'engagent sur l'honneur à maintenir leur institution. »

Tel est le nouvel essai d'association , dont les sages dispositions méritent tous nos éloges , et sur lesquelles , au surplus , nous ne sommes point appelé à nous expliquer d'une manière plus catégorique.

En résumé , l'existence des francs-brements de Caen nous a présenté trois périodes très-distinctes , que l'on peut formuler ainsi qu'il suit :

1.º Constitution et développement successif de la communauté sous le régime des lettres-patentes , depuis le commencement du XV.ᵉ siècle jusqu'au XVII.ᵉ ;

2.º Etat de stagnation ou de paisible exercice de ses droits acquis , avec amélioration de son régime intérieur sous les monarchies absolues ;

3.º Transformation actuelle , ou tentative d'association

syndicale et volontaire , dans un but d'intérêt privé et de bienfaisance mutuelle.

Les deux premières périodes nous ont montré l'intérieur d'une communauté industrielle privilégiée , luttant sans cesse pour la conservation de ses droits , et vivant d'une manière toute exceptionnelle au milieu des autres corporations de la ville. Ce système est tombé et ne peut revivre.

Dans la troisième période , au contraire , et sous le régime de la liberté civile et commerciale , nous voyons une association pourvoyant à ses intérêts privés par un acte de société authentique. Elle s'inquiète peu de soumettre ses statuts à l'approbation des agents du Gouvernement , parce que les grands intérêts publics ne sont point directement intéressés dans le réglement de son industrie. Elle peut vivre seule , et sans inquiéter personne. Mais pourtant une société rivale s'est établie en concurrence auprès d'elle. Ne peut-il pas en résulter des collisions ? Si , au contraire , leur union s'opère et forme , comme à Rouen , une société de *carues* réunies , alors ne doit-on pas craindre le monopole ? Dans ces deux cas , s'il se commet de légères fautes , il n'y a de répression possible que devant les tribunaux , et ce mode de procéder est déjà rigoureux. S'il ne se commet , au contraire , que des abus, ils resteront nécessairement impunis ; mais le public n'en souffrira pas moins , s'ils deviennent intolérables , comme à Marseille et ailleurs. Si l'on suppose , ce qui peut arriver , la société excitant l'attention spéciale de l'autorité par la simple inconduite de quelques-uns de ses membres , ou même par des motifs plus graves ; dans ce cas , la partie saine et inoffensive demeurera sans défense contre la
surveillance

surveillance importune dont elle sera entourée , et contre ses propres dissentions intestines. Que faudrait-il donc dans toutes ces circonstances ? Un pouvoir modérateur , émané de la société elle-même , qui eût assez d'autorité pour terminer tous les différents de famille au moment où ils viennent de naître , et pour représenter les intérêts du corps entier auprès des administrations avec lesquelles il peut être en rapport, et en obtenir plus facilement et plus promptement justice.

Ce que nous disons de l'association de la *Carue ,* nous le pensons , à plus forte raison , de toutes les associations et de toutes les industries. Nous ne voyons de véritables garanties pour les associés eux-mêmes , pour le public , et pour l'administration , sous le rapport civil ou politique, que dans un bon système de chambres syndicales électives , appliquées avec intelligence non-seulement à toutes les associations industrielles ou commerciales , mais encore aux diverses professions , arts ou métiers , sur lesquels ce genre de surveillance pourrait être jugé nécessaire.

(*Extrait du* 5.e *volume de l'*Annuaire des cinq départemens de l'ancienne Normandie , *année* 1838.)

9 782329 668741